CATALOGUE

DES

GENTILSHOMMES

DU MAINE

DU PERCHE ET DU THIMERAIS

QUI ONT PRIS PART OU ENVOYÉ LEUR PROCURATION AUX ASSEMBLÉES DE LA NOBLESSE
POUR L'ÉLECTION DES DÉPUTÉS AUX ÉTATS GÉNÉRAUX DE 1789

Publié d'après les procès-verbaux officiels

PAR MM.

LOUIS DE LA ROQUE ET ÉDOUARD DE BARTHÉLEMY

BIBLIOTHÈQUE IMPÉRIALE

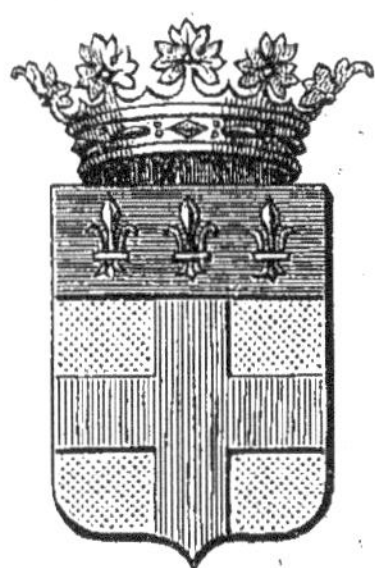

PARIS

E. DENTU, LIBRAIRE
AU PALAIS-ROYAL

AUG. AUBRY, LIBRAIRE
16, RUE DAUPHINE

1864

Tous droits réservés.

L2 m 153

AVERTISSEMENT.

La province du Maine, bornée par la Normandie, l'Anjou, la Bretagne, la Touraine et le Vendomois, avait eu des comtes particuliers, dès le dixième siècle, qui prétendaient descendre de Charlemagne; leur postérité s'éteignit dans la maison d'Anjou, qui finit elle-même dans celle des Plantagenets dont les descendants ont régné sur l'Angleterre (1).

Philippe-Auguste conquit le Maine sur Jean-sans-Terre. Le roi Saint Louis le donna en partage à son frère Charles, dont la petite-fille Mathilde le porta, par son mariage, dans la maison des Valois. Il ne retourna définitivement à la couronne qu'en vertu de la donation faite à Louis XI par le comte Charles, neveu du roi René.

La province du Maine ressortissait au Parlement de Paris pour la justice, et à la Généralité de Tours pour les finances; elle n'avait qu'un présidial dont le siége était au Mans. Sa population, en 1789, était de 570,000 habitants.

Les priviléges du Maine et de l'Anjou, priviléges attestés par l'ancien coutumier de ces provinces, étaient de ne recevoir que des lois approuvées par elles. Le roi ne pouvait y établir coutume sans le consentement des seigneurs, ni ceux-ci sans le consentement de leurs vassaux. On ne pouvait donc y lever d'impôts sans leur aveu (2), ainsi que le constate le livre des coutumes :

(1) Les armes de la province étaient : « D'or à la croix de gueule, au chef de France.»

(2) *Mémoire de la province du Maine, tendant à obtenir le rétablissement de ses Etats provinciaux*, 4 déc. 1788. (B. III, 78, p. 84.)

« Le comte et le baron soubz le ressort et suzeraineté du prince ès ditz païs ont toute juridiction, haulte, moyenne et basse en leurs terres sur leurs subjetz, la punition et la correction d'iceux; item et ne peut le roy, sans leur assentiment, mectre coustumes en leurs terres, ni ils ne peuvent aussi mectre en la leur, sans l'assentiment de leurs vavasseurs » (*Coutumes du païs d'Anjou et du Maine, imprimées en* 1486.)

Ces priviléges ne survécurent pas à la suppression des Etats qui eut lieu sous Louis XII.

Le Perche, situé entre la Normandie et le Maine, était une des plus petites provinces du royaume, composé des villes de Mortagne, Bellesme et Nogent-le-Rotrou. Il avait eu des comtes particuliers dont la filiation est connue depuis la fin du neuvième siècle. La comtesse Helissende, leur héritière, élevée à la cour de Philippe-Auguste et de Louis VIII, donna le Perche à Blanche de Castille, mère de Saint Louis. Cette province relevait entièrement du Parlement de Paris pour la justice, et de la Généralité d'Alençon pour les finances. Les cas présidiaux étaient portés au présidial de Chartres. Son gouvernement militaire était compris dans celui du Maine, dont le siége était au Mans.

La baronnie de Châteauneuf-en-Thimerais, dans l'Eure-et-Loir, avait fait partie de l'apanage des ducs d'Alençon. Au décès de Pierre d'Alençon, sans enfants mâles, elle passa dans la maison d'Albret son héritière, et fut réunie à la couronne par l'avènement du roi Henri IV. Elle fut depuis engagée à la maison de Mantoue, et faisait partie, au moment de la Révolution, de l'apanage de Monsieur, comte de Provence et de Maine.

Le Maine, le Perche et le Thimerais correspondent aujourd'hui aux départements de la Mayenne, de la Sarthe, et à une portion de ceux de l'Orne et d'Eure-et-Loir.

Paris, le 12 septembre 1864.

CATALOGUE

DES

GENTILSHOMMES DU MAINE

DU PERCHE ET DU THIMERAIS.

SÉNÉCHAUSSÉE DU MAINE.

Procès-verbal de l'Assemblée générale des trois ordres de la sénéchaussée du Maine, comprenant les bailliages du Mans, de Laval, Beaumont-le-Vicomte, Fresnay, Sainte-Suzanne, Mamers et Château-du-Loir (1).

16 mars 1789.

(*Archiv. imp.*, B. III, 78, p. 377, 462-508.)

Jean-Michel-Christophe Le Vayer de Vandeuvre, chevalier de Faverolles, ancien mousquetaire du Roi, grand sénéchal du Maine.

Alexis-Bruno-Etienne, marquis de Vassé, vidame du Mans, et comme procureur fondé de

— Monsieur, fils de France, frère du Roi, comte du Maine.

Louis-Pierre-Antoine de Sarcé, Sgr de Sarcé,

— Pierre-Victoire de Sarcé, Sgr de Dissé-sous-Ballon,

— Pierre Le Féron, Sgr de Mazouet.

(1) Nous croyons devoir faire observer qu'un certain nombre de familles nobles ont pu ne pas figurer dans les assemblées du Maine et du Perche pour cause d'absence, de maladie ou d'abstention.

La liste que nous publions a été revue sur la minute du procès-verbal de l'assemblée des trois ordres (B. a. IV, 41), et sur le procès-verbal de l'Assemblée particulière de la noblesse, imprimé au Mans chez Pivron, 1789.

Jean de la Haye, Sgr du Moulin Geslin-Sacé,
— Marie de la Haye, demoiselle mineure,
— Anne-Cécile-Marie de la Haye, demoiselle majeure, dame du fief de la Chauvinière.

Jean-Jules de Gallichon, Sgr de Courchamps,
— Daniel-Anne Gautier, Sgr de Boisse (de la Villeaudrais de Bouère),
— Anne Gautier de la Villeaudrais de Saint-Cyr, Sgr de Beaumont-le-Chevreuil.

Alexandre-Paul-Louis-François de Samson, Sgr de Marcé,
— Anne-Angélique-Françoise-Marie-Julie de Samson, demoiselle, dame des fiefs de Longlée.

Richard-Jérôme-Bon de Fontaine de Saint-Victor, Sgr de Saint-Victor.

George-Paul-Henri de la Goupillère, Sgr de Planchet,
— Marie-Marguerite-Louise de Brejelongue, veuve de François-Joseph de Paris, marquis de Montbrun, Sgr de la Mairie,
— Dame Marie-Louise Bordel de Viantais, veuve de Pierre-Guillaume de la Goupillère, Sgr du dit lieu.

Charles-Pierre de Vanssay,
— Pierre-Nicolas Bailly, Sgr de Saint-Mars-la-Brière,
— Pierre-Gaspard-François-Gabriel Carrey de Bellemare, Sgr de Chales.

Pierre-François Yver de Touchemoreau,
— Alexandre-Louis-Ambroise de Phillemin, Sgr de Baigneux,
— Louis-François de Savary, Sgr de la Vandère.

Jacques-François-Michel de Baigneux, Sgr de Courcival,
— Marie Rottier de Madrelle, Sgr du comté de Blin,
— Marie-Françoise-Alexandrine de Briqueville de la Luzerne, veuve de M. Armand-François-René de Hardouin, comte de la Girouardière, Sgr de Souligné-sous-Ballon.

Charles-Marie, chevalier de Valory,
— Eugène-Paul-Charles, sieur de Montaudin,
— Marie-Eugène Beuve d'Auray, marquis de Saint-Poix, Sgr de Fougerolle.

Germain Caillard, Sgr de la paroisse d'Aillères,
— Alexandre-François, marquis de Lonlay, Sgr de Mondragon,
— Jean-Augustin Livé de Roquemont, Sgr de la Paucheverie.

Louis-Alexandre Pantin de Landemont, Sgr baron de Vaux,
— Anselme Bucher, sieur de Chauvigné, Sgr de Saint-Brice.

Philippe-Louis Pantin de Landemont fils, ancien officier de cavalerie.

Camille-Marie-François-de-Paule Couppel, Sgr de Beauvais,
— Louis-Brice Couppel, Sgr de la Pommerais,
— Dame Marie Frin, dame de la Gandonnière, veuve de Charles-Auguste Le Moine, Sgr du Bois-Bide.

Pierre-Godefroy Courtin de Torsay,
— Pierre-François-Godefroy Courtin de Torsay, Sgr des fiefs de la Rivière.

Joseph de Préaulx,
— Laurent-François-Scipion de la Roche-Lambert, comte dudit lieu,

— Joseph-François de Préaulx, marquis de Préaulx.

Géraud-Rosalie Ogier, Sgr de Murcé,

— Antoine-Pierre de Saint-Simon, marquis de Courtomer, Sgr de Coutilly,

— Marie-Pierre-Louis de Guérout de Fréville, Sgr de la Gouetterie.

Gille-Antoine-Henri de Malfilastre (Malfillatre),

— Dame Louise-Gabrielle-Charlotte-Thérèse Desnos, veuve de Gilbert, baron du Bois-Béranger, dame de Clivoy.

Jacques-Marie-Etienne Dubois-Descours, Sgr de Saint-Cosme,

— Philippe-Louis de la Martellière, Sgr de Courdemanche.

Jean-René de Sémallé,

— De Frébourg, Sgr de Frébourg,

— Charlotte-Thérèse Perochelles de Granchamp, dame de Bié la Ramée.

Etienne-Dominique-Pierre Cureau de Roullée,

— Armand-Charles-Guy-Henri Billard de Lorière, Sgr du Bois-Maine,

— Dame Jeanne-Mathurine Duplessis de Mongenard, veuve de Léonard-François de Tournely, dame du Bois-Thibault.

Gabriel de Berset de Vaufleury, sieur de Parneau,

— Louis de Berset d'Argentré, Sgr du Plessis,

— Dame Marthe de Farcy, veuve d'Eugène Tuffin, Sgr de la Rouerie.

Abraham-Ambroise-Balthazar de Valleaux, Sgr de la Sandré,

— François Leclerc (Le Clerc), Sgr de Beaulieu,

— Sébastien-Pierre Bretteau, prêtre, Sgr de Chambord.

Jacques-François-Charles Le Frère de Brécé, Sgr de Brécé,

— Pierre-René-Charles de Montpinçon, Sgr de Paires,

— Jean de Chapdelaine, Sgr de Bulu.

Jacques-François-René Tretton de Vaujuas, Sgr de Loret,

— Dame Marguerite-Elisabeth Le Febvre de Maison, veuve de François Tretton, Sgr de Grand-Oisseau,

— Joseph-Hyacinthe Le Mercerel, marquis de Chasteloger, Sgr de la Haye.

Jacques-Pierre-Henri Cailleau (de Cailleau),

— Julie-Sophie-Adelaïde de Ghaine de Classé, veuve de M. Maulny, dame d'Yvré-le-Poslin,

— Charles-François Cailleau, Sgr d'Auvour.

Jean-François de Mosnard, baron de Villefavard,

— François-César de Fontenay, Sgr de la Boucherie,

— François-Charles-Claude de Thiroux, comte de Médavy, Sgr de Montfaucon.

Etienne-Charles de Guibert,

— Louise-Françoise Le Vayer, comtesse de Sourches, dame de la Davière, épouse de Louis-Hilaire du Bouchet, comte de Sourches,

— Magdeleine-Marguerite de Loube, veuve de Jacques-René de Tahureau, Sgr du Chesnay.

Jacques-Marie-Guillaume Dubois-Descours de Saint-Cosme,
— Jacques-Charles de Tahureau, mineur, Sgr du Chesnay,
— Dame Louise-Victoire Favery, veuve de Nicolas-Guillaume Rouxelin d'Arcy (*aliàs* d'Arcis), Sgr de la Foucaudière.

François-Gabriel-Charles de Négrier,
— Marthe-Adrienne de Négrier, sa sœur, demoiselle, dame du fief de Posset.

François-Charles de Négrier, lieutenant des vaisseaux du Roi.

Claude-Jean-René de la Broise de Raiseux,
— François de la Broise, Sgr de Raiseux,
— Claude-Jean-René Foucault, Sgr de la Bigotière.

René-François-Marc-Antoine-Henri de la Fontaine de Follin, Sgr de Vezins,
— Claude-Philippe-Anne de Thibault de la Roche-Thulon, Sgr de la Roche-Maillé.

Amédée-Joseph-René Gaudin de Fleuré, Sgr de Briol,
— Georges-Augustin-Joseph de Mangeot d'Elbenne, Sgr de Coullon,
— Marie-Marguerite-Catherine Gaudin, dame du fief Despaty.

René-Julien Le Maire de Cordouan, Sgr de Cordouan,
— André Dubois de Courceriers, Sgr du Serais,
— Amand Le Chartier, Sgr du Mesnil,
— Jacques-Louis de Saint-Ouen, Sgr du Chesneru.

Jacques-Jean-Baptiste Guitton des Bois, Sgr des Bois,
— Anne-Béatrix-Renée-Thérèse du Bois-Béranger, veuve de René-Pierre-Jean Bouteiller, à cause de la terre de la Salle,
— Renée-Suzanne du Bois-Béranger, demoiselle majeure, chanoinesse, dame du Bois-Marié.

Etienne de Barville,
— Dame Charlotte-Suzanne Desnos, veuve de Paul-Louis, duc de Beauvilliers, dame de la baronie de Sonnois,
— Catherine Carel de Beaumontcel, veuve de Nicolas de Barville, Sgr du Guedaulière.

François-René-Nicolas Le Royer de Changé, Sgr de la Chauvinière,
— René-Pierre-Louis-Gaetan de Meaulne, Sgr de Marcé,
— Jean-Jacques-Marie, comte d'Astorg, Sgr des Vallées.

Jean-Baptiste-Louis-François de Chabot, Sgr de Linière la Carelle,
— Dame Henriette-Charlotte-Marie de Courtarvel de Pezé, veuve de Pierre-François, comte d'Argouges,
— Dame Marie-Angélique d'Yel, veuve de M. Alexandre de la Boulaye, à cause de la terre de la Vandel.

Jacques, chevalier de Foulongne, Sgr de la Sunnerie,
— Louis-Henri-Raimond de Recalde, Sgr de Mefossé.

Pierre-Etienne, comte de l'Hermitte,
— Nicolas-Joseph-Victorine de Herte, Sgr de Merville,
— Louis-René Desvau, sieur du Petit-Percé (de Nau de l'Etau).

Jérôme Le Clerc des Gaudeches, Sgr de la Raguenière,
— Jean Le Clerc de la Roussière, Sgr de la Helbeldière,
— Jacob-Nicolas-François-Mathieu Guitton, (de Guitton), Sgr de Banne et Cossi.

Pierre Richer de la Bosserie (de Richer de la Baussserie),
— Pierre-Marie-François-Michel le Morthier de Villiers, Sgr des Jaunières.
Joseph-Jean-Jérôme Le Clerc (Le Clerc de la Rongère),
— Daniel-Jérôme-Pierre le Clerc, Sgr de la paroisse de Louvernay,
— Nicolas Rousseau de Monfranc, Sgr de Songé.
Jacques-Bertrand de Testard,
— Louis-Marie-Jean Deshayes (des Hayes), Sgr de Cosme,
— Jean-René de Hercé, Sgr du Coudray.
Louis-René Trancrel (de Tanquerel), Sgr du Belloy,
— Dame Louise-Julienne Tripier de la Grange, veuve de Jean-René Tancrel, dame de Balladé,
— Louis-Pierre, marquis de Saint-Gilles, Sgr de l'Epine.
Gabriel-Pierre Tripier, Sgr de Lozé,
— Dame Elisabeth-Victoire-Eléonore de Montclair, veuve d'Augustin-Philippe d'Héliand d'Ampoigné, dame de la paroisse de Saint-Fraimbault.
— Françoise-Aimée de Brossard, Sgr des Ecotais.
Charles-François-Pierre Descorches ou des Corches de Moulines, Sgr de la Ciroudière,
— Perrette-Elisabeth Benoist, demoiselle, dame de Saint-Martin.
François-Charles-César d'Aubert ou Daubert, Sgr de Launay,
— Renée-Catherine-Marie Duchemin, veuve de Jean-Baptiste-Louis le Clerc de Monternault, dame de la Sgrie de Forge,
— Dame Louise le Clerc, veuve de Jean Coutard, dame du fief de la Saibourgère,
François-Joseph-Augustin de Renusson d'Hauteville,
— Anne-Catherine du Perrier, veuve de René-François de Renusson d'Hauteville, dame de Morterie,
— René-Pierre de Renusson d'Hauteville, Sgr de Chevaigné.
René-Nicolas-François Pouyvet de la Blinière,
— René Pouyvet de la Blinière, Sgr du Moussay,
— Nicolas Pouyvet de la Blinière, Sgr de Chenecutte.
Jean-Baptiste-Joseph-Alexandre de la Broise,
— Jacques-Charles-Claude Doynel, marquis de Montecot.
François Achard, Sgr de Villeroy,
— Dame Françoise-Henriette de Moré, dame du Ribay, veuve de Guillaume de Cauvigny,
— Joseph-Jean-Baptiste Dalinci comte Delva (d'Alincy, comte d'Elva).
Gabriel-Jean Dupont-Avice (du Pontavice), Sgr de la Chaudronnais,
— Luc-Jean de Goullion, Sgr du Mesnil-Barré,
— Jean-Charles de Chalus, Sgr de la Brandois.
François-Julien-René de Lonlay, Sgr de Saint-Michel de Chevaigné,
— Marie-Sébastien-Charles-François Fontaine de Biré, Sgr de Pescherais.
Pierre-Charles-François de Bouvet, Sgr de Louvigny,
— Guillaume-Jean-René Guéroux de Boisclaireau,

— Dame Françoise-Elisabeth de Droulin, veuve de Pierre-Charles-François de Bouvet, dame du fief du Pont,
— Dame Jacqueline-Françoise Brunet de Mannetot, veuve de Pierre-Guillaume-Louis de la Goupillère, dame de Dollon.
Charles Le Bouhyer de Saint-Gervais.
François Le Bouhyer de Saint-Gervais.
Charles-Jacques-René Blondeau des Ardrillères, Sgr de la Masserie.
Sébastien-Charles-Marie-Bernard de la Barre.
Jacques de Bois-Thierry.
Charles de Mauduison, Sgr de Préval,
— Jean-Bretagne-Charles-Godefroy, duc de la Tremouille, comte de Taillebourg,
— François-Nicolas-Charles de Mauduison, Sgr des Piliers.
Charles Menard de Seillac.
François-René de Moloré de Saint-Paul.
René-Jean Le Mouton de Bois-d'Effre.
Louis-René-Alexandre Le Mouton de Bois-d'Effre.
Pierre-Alphonse de Blanc de Simiane,
— Marie-René d'Arlanges, demoiselle, dame de la Monge.
Sébastien Berset d'Hauterive, Sgr d'Argentré,
— Joseph Berset, Sgr de Crué ou Cricé,
— Renée Dubois, veuve de François Le Clerc, Sgr de Beaulieu.
Pierre-Armand Tripier, chevalier de Lozé,
— Robert-Pierre-Gabriel Tripier de la Fresnaye, Sgr de la Rivière-Montfoucault,
— Jacques-Bertrand Baglion de la Dufferie, Sgr de la paroisse de Martigne.
René-Louis de Tilly, chevalier.
Gervais Le Vavasseur des Landes, chevalier.
François Véron de Forbonnais, Sgr de Forbonnais.
Louis-René-Jean Gallery de la Tremblaye, Sgr de Cigné,
— Marie-Louise Billard de Lorière, dame de Coulonge,
— Étienne-Gédéon-Charles Thiroux, Sgr de Châteloger.
François-Henri de Gaalon, chevalier.
Louis-Marie Daniel de Beauvais,
— Marthe Plumard de Rieux, veuve de Louis-François Daniel de Beauvais, dame du Gros-Chenay.
Jacques-Louis Belin, Sgr des fiefs de Béru.
René Belin des Roches, Sgr de Menuáu et Chatain.
François de Carrey de Bellemare, chevalier.
Charles-Hyacinthe-René Le Ménager, Sgr de la Dufferie,
— Françoise-Marie du Bailleul, demoiselle,
— Dame-Victoire-Félicité du Bailleul, dame de la paroisse de Goron.
Julien-Charles Le Prince de Clairsigny,
— Adam-François-Bonaventure de Malherbe, Sgr de Poillé.
Étienne Pasquier, Sgr de la paroisse de Coulans.
Éléonore-Maximilien-Charles de Petitjean, Sgr de la Bésignière.
André-Louis-François de Foulongne, chevalier, Sgr de la Motte-Madré,

— Dame Claudine-Jacqueline-Françoise Le Marchand, veuve de Claude-François-Robert-Guy de Beauvais, Sgr de Saint-Paul-le-Vicomte.

Louis Hurault, marquis de Vibraye, Sgr du dit lieu,

— Armand-Emmanuel-Sophie-Septimanie Duplessis de Richelieu, duc de Fronsac, baron de la Ferté-Bernard.

Jean d'Herbelin, chevalier.

Jean-Anselme de Kerbout, chevalier.

Louis de Murat,

— Charles-Paul-Louis-Michel-Bon de Reneaulme, marquis de Thorigné,

— Jean-François Levesque, Sgr de Loresse, *aliàs* de Vouzières.

Marie-Henri d'Ornant, Sgr de Sevilly,

— Henri-Pierre de Fromont, Sgr de Hercé,

— Louis Quillet (de Quillet), Sgr de Fontaine.

François de Launay de Fresney,

— Dame Marie Matagrin, dame des fiefs de Chanteloup, veuve de Jean-Louis de Bidault,

— Jean-Nicolas de Bidault, Sgr de Couanesse.

François-Louis-Jean-Jacques de Caignou,

— Louis-Augustin d'Herbelin, Sgr de la Réveillère.

Abraham Caillard de la Morillière, chevalier.

Maurice-Simon de Gâté (de Gasté), Sgr de Saint-Mars-sur-Colmont,

— Joseph-René Gâté (de Gasté), Sgr de la Cour de Commer,

— Marie-Anne de Gâté, demoiselle, dame des fiefs de l'Epinay-taillis.

Charles-Robert de la Fontaine, chevalier.

Richard-Jérôme-Bon de Fontaine de Saint-Victor.

Jean-François Le Fèvre d'Ivry, chevalier.

Pierre-Marie-Alexis Duplessis d'Argentré, baron du Rocher,

— Dame Françoise-Renée Jamoays Duhil, dame de la Compagnaire, veuve de Jules-Nicolas Aubin de Cresnay,

— Philippe Rousseau de la Jarossais, Sgr d'Aligny.

Louis-Charles-René d'Andigné, chevalier.

Guillaume-Paul-Joseph d'Andigné, chevalier.

René-Louis d'Aux, Sgr du marquisat d'Aux en Louplande;

Pierre d'Aux, son fils, officier de dragons.

Thomas-René Poulain de Martené, Sgr de la Grande Barre,

— Jean-Baptiste-Nérée Poulain de Brustel, Sgr de Brustel.

Louis-François de Caux des Londes, Sgr de Saint-Ouen.

— Nicolas-Jacques-Augustin Hébert de Hautecler, Sgr de Cohon.

Louis Le Roy de Grandmont, chevalier.

Alexandre-Pierre Le Riche de Vandy, chevalier.

Antoine-Louis-Hector de Montesson,

— Anne-Françoise de Pannard, veuve de Louis Devaux-Fleury (de Vaufleury) de Malterre, Sgr d'Oissé, dame des fiefs de Chantepie,

— Louis-Pierre-Joseph de Montesson, Sgr de Douillet et de Saint-Aubin.

René-Mans, Sire de Froulay de Tessé, grand d'Espagne de la première classe, Sgr du comté grandesse de Vernie le Froulay, de Lavardin, des villes de Beaumont et Fresnay,

— l'abbé de Tressan, Sgr en partie du Broussien.

Antoine-César de Choiseul, comte de Praslin, Sgr de Maugé,

— Regnault-César-Louis de Choiseul, duc de Praslin,

— Félicité de Lopriac de Douge, veuve de Louis-Joseph de Querhoent, marquis de Querhoent, dame de la Ribochère.

Pierre-Paul-Louis, marquis de Laloche de Fonteni (la Roche de Fontenille),

— Charles-Georges, marquis de Clermont-Gallerande, Sgr de Broassin.

Jean-Baptiste-Joseph-Joachim-Marie-Anne de Jupilles, Sgr de Moulins,

— Alexandre-Bon de Jupilles, Sgr de Jupilles.

Armand-Charles-François Amyot, Sgr de Flacé,

— Bonne-Josèphe-Eléonore-Thérèse de Jupilles, dame de Jupilles, épouse séparée d'Etienne-Bon-François-Alexandre de Jupilles.

Henri-Antoine-Samuel Picot, Sgr de Vahais,

— François-René Picot de Pontaubré (Pontaubray),

— René-Elisabeth de la Corbière, Sgr de Juvigny.

René-Siméon-Charles Dubois de Monthulé,

— Alexis-Charles Le Maire, Sgr et marquis de Courtemanche.

François Aubin de la Messuzière,

— Joseph-René Aubin, Sgr de la Messuzière, mineur.

Jean-Baptiste-Joseph Le Baillif, (*aliàs* Pierre-Charles-François Bailly) marquis de Fresnay, Sgr de Bourg-Baillif,

— Dame Renée-Françoise Le Clerc, veuve de César-Léonard de Couasnon, dame de la Rougère,

— Jean-César-Elisabeth de Couasnon, Sgr de la Croizille.

Guillaume Bauquet de Grandval, chevalier, ancien officier au régt des dragons de Monsieur.

Marie-Emmanuel de Tragin, Sgr de Coardon,

— René-André-François de la Fournerie, Sgr de la Ferrière,

— Antoine-Emmanuel de la Fournerie, Sgr de Boisgeney.

Julien-Jean-René de Gruel, Sgr de Saint-Hilaire de Brioude,

— Victor-Hippolyte Ay (Hay), marquis de Bouteville,

— André de Valois, Sgr de Villiers.

Charles-Anselme de Salaines, Sgr de Marée,

— Marie-Joseph-Olive de Bouillé, demoiselle majeure, dame de Fromentin,

— Dame Anne-Gabrielle-Suzanne Haton de la Goupillère, veuve de Julien Dubois des Cours, dame de la Grande-Métairie.

François-Henri Sallet de Hauteclair, chevalier.

Charles-François de Tascher, chevalier.

Philibert-Louis-Alexandre de Tascher, chevalier.

Nicolas de Braux, Sgr de l'Herberie,

— Pierre-Louis-Gabriel Bailly de Saint-Mars, Sgr de Segraye.

Jean-François-Simon de Hercé, Sgr du Plessis,
— Dame Marie-Jeanne Songé, veuve de René-David Deschamps de Méry, dame du fief de la Métrie,
— N... Grimaldi de Valentinois.

Louis-François Chamillart, marquis de la Suze,
— Claude-Louis, comte de la Chastre, Sgr de Malicorne,
— Adrienne-Émilie-Félicité de la Beaume le Blanc de la Vallière, duchesse de Châtillon, dame de la baronie de Sillé le Guillaume.

Louis (Elisabeth-Marie) d'Aubert, Sgr de Loresse,
— Marie-Anne d'Aubert, demoiselle, dame de la Perdrière,
— Marie-Charlotte d'Aubert, dame de la Haute-Marche.

Anne-Jean Le Gras, marquis du Luard,
— Alexandre-Henri des Mazis (Desmazis), chevalier, Sgr de la châtellenie de Sceaux.

François-Marie Le Gras, chevalier.

Jean-Henri-René Gueherry, chevalier.

Ambroise-Victor Duchemin de Metejeau, Sgr de Cherre (du Chemin de Motjean),
— Anne-Camille de Farcy de Pontfarcy, demoiselle, dame de Montvallon,
— Louise-Émilie de Farcy de Pontfarcy, demoiselle, dame de la Chanvière.

Louis-René de Caqueray, chevalier.

Alexandre-François-Louis de Courtillolles, chevalier, officier au régt de Condé-infanterie,
— François-Louis de Courtillolles, Sgr de Courtillolles et de Saint-Rigomer-des-Bois, et comme tuteur honoraire des enfants mineurs de M. Alexandre-René de Vaucelle (ou peut-être de la Vaucelle), Sgr de Ravigny, châtelain de la Porte et Chamfremont.

Robert Giancollet de Clinchamp, officier au régt Royal-Cravate.

Jacques-René de Clinchamp, chevalier.

Charles-Pierre Cureau, Sgr de Roulée et Chevaigne,
— Henri-Hercule des Hayes de Cry, Sgr de Chantepie,
— Louise-Perrine-Jeanne du Bois Béranger, demoiselle majeure, dame des fiefs de la Salle.

Pierre-Louis de Tucé, chevalier, capitaine d'infanterie,
— Antoine-Pierre-Jérôme Mangeot, (Manjot) chevalier, vicomte de Champfleau.

Denis-Jean-Baptiste de Bastard de Fontenay (comte de Fontenay sur la liste du Perche, lieutenant-colonel de dragons), Sgr de Montreuil-le-Henri, Saint-Jean d'Assé, Montreuil-sur-Sarthe,
— René-Nicolas de Boullemer, Sgr de Montigny et Chassay-au-Maine,
— Auguste-Félix-Élisabeth Barrin, comte de la Galissonnière, Sgr de la sirerie et principauté de Pescheseul.

René-Urbain Bastard de Fontenay (de Bastard), major du corps des canonniers (frère cadet du comte de Fontenay, Denis-Jean-Baptiste de Bastard).

Étienne-Jacques-René de Guibert, Sgr de Brisson,
— Henri-Louis de Trémault de Bellatour, doyen de la collégiale de Saint-André d Château-du-Loir, Sgr de Nuisemant,
— Victor-Marc-Noël-René-Émery, comte des Feugerets, Sgr du Plessis.

Louis-César de Fontenay, chevalier, Sgr de la Motte, Flée-Thoiré,
— Jean-Baptiste-René Le Masson de Trêves, chevalier, Sgr d'Ourne et de Sainte-Cécile,
— Charles-Jacques Huet d'Artigné, chevalier, Sgr des terres de Vandargouges.

René Le Frère de Maisons, chevalier.

Alexandre-Louis-François Gaudin de la Chenardière, Sgr de la Chapelle-Saint-Remy,
— Marie-Agathe de Malherbe, veuve de la Chenardière, dame de la Maulerie et de la Perrière,
— Jean-Charles-Amand de Terves, Sgr de Lucé et Pin, tant en son nom que comme père et tuteur des enfants issus de lui et de feue Marguerite-Henriette Vaillant Doches, demoiselle, son épouse.

Jacques-Louis Le Goué de Richemont, chevalier, Sgr du fief de Laugenardière.

Antoine de Giroye, chevalier, ancien officier de dragons.

Michel (Jean) Jacques-Christophe Le Barbier de la Bourdonnière, officier d'infanterie,
— François-Thomas Le Barbier de Vaucelles, Sgr du Rozay et Val-Frambert.

Michel-René-François Dumans (du Mans), Sgr de Saint-Jean-sur-Erve,
— Léon-Jean Dumans de Chalais, lieutenant des maréchaux de France, Sgr du Plessis et Saumont,
— Jean-Pierre Le Clerc, Sgr de Terrechamp (Terchant).

Pierre-Jean-René de Pierres, ancien officier au régt du Roi-cavalerie, Sgr de Fougeray-Vigray,
— René-Louis de la Barre, Sgr de la Houssaye,
— François-Annibal-Marie de Farcy, Sgr d'Arquenay, conseiller au parlement de Bretagne.

René de Chapuizet, chevalier, ancien militaire (*sic*) d'infanterie.

René-François Chauvin-Doigni (d'Oigny), Sgr du Tertre et des Bousselières.

Denis-Louis Parent de Curby, chevalier, ancien maréchal-des-logis des Gardes du corps du Roi.

Timoléon-Magdeleine-François, marquis de Savonnières, chevalier, lieutenant des Gardes du corps du Roi, Sgr de la Courdenet.

François-Jean-Henri Richer de Montauban, Sgr de Vimarée,
— Marie-Bonne Gaudin de la Chenardière, demoiselle, dame de Montauban, veuve de René Richer de Bois-Maucier, Sgr du Puy,
— Marie-Bonne Richer de Montauban, demoiselle, dame du Chesnay.

Nicolas Gallery des Granges, chevalier,
— Jean-Baptiste Gallery de Bellay, Sgr de la Corbillière.

Nicolas-Jean Dubois, Sgr de la Basmaigné,
— Françoise de la Roque, demoiselle, dame de Loyère,
— Anne-Marguerite Le Febvre d'Argentré (d'Argencé), veuve de Jacques Jacquet du Seuil, dame de Mont et bas Mont.
Louis Dorveaux (d'Orvaulx), chevalier.
François Le Doulx de la Panneterie, chevalier.
François-Nicolas du Bosc Regnoult du Quesnoy, chevalier.
Jacques-Louis Durbois, chevalier, originaire de la province de Berry.
Henri-Louis-Jacques Despaignes (d'Espaigne), comte de Venevelles, chevalier, major en second du régt de la Reine,
— François-Charles-Mathieu Dupont d'Aubevoye, Sgr de la Roussière.
Louis-Jacques-Francois Dubois-Motté, lieutenant au régt de Noailles-dragons,
— Jacques-Charles Dubois-Motté, Sgr de Tessé, la Chapelle-Moche et Geneslé,
— Julie-Antoinette Hoisnard, veuve de Jean-Baptiste Le Moyne d'Aure de Monflour (*aliàs* Lemoine de Boisbis).
Benoît-Gabriel-Armand de Ruzé d'Effiat.
Henri-Louis Despaignes de Vennevelle, chevalier (d'Espaigne de Venevelles).
Louis-Jacques-Marie-Emmanuel de Chaourse, chevalier, officier de dragons,
— René-Louis-Marie de Chaourse, capitaine commandant d'infanterie, Sgr de Piacé,
— Louis-Charles-Auguste d'Houillère (Douillères), chevalier, Sgr de la Jupelière.
Claude-François de Murat, chevalier, Sgr du marquisat de Montfort-le-Rotrou,
— Louise-Jeanne-Marie de Courtarvel de Pezé, veuve de Joachim de Dreux, marquis de Brézé, dame de la Lucazière,
— Anne-Louis de Pinon, chevalier, vicomte de Quincy, Sgr de Saint-Georges-sur-Erve.
Pierre-Antoine Duprat (du Prat), chevalier, Sgr de Roué et de la châtellenie de Tennie,
— Jean-Charles de Cumont, chevalier, Sgr du Puisna, comme mari et procureur de dame Catherine-Suzanne-Ambroise Desportes de Saint-Père,
— Charles-Louis-Yves du Bouchet de Sourches, marquis de Sourches et de Tourzel, grand prévost de France.
Louis-Henri de Feron, ancien officier au régt du Roi-dragons,
— René-Jacques Le Féron, Sgr de Fautraux, chevalier,
— René Le Féron, Sgr des Touches.
Pierre-Antoine-Charles-François de Perochelles, chevalier, Sgr de Combre et de Moire-la-Haute,
— Marie-Magdeleine-Françoise-Gertrude de Saint-Michel, veuve de Jean-Baptiste-Gaston-Joseph-René-Marie d'Arlanges, Sgr de la Bussonnière, gouverneur de Beaumont,
— Pierre-Denis-Claude-Richard de Fondville, Sgr de Souligné-sous-Vallon.

René-Georges-Marie, marquis de Monteclair (Monteclerc), chevalier, maréchal de camp,

— Hyacinthe-Jeanne de Monteclair, son épouse, d'avec lui séparée de biens,

— Jean-Louis, vicomte de Maillé-la-Tour-Landry, Sgr d'Entrâme.

René-François-Hortense, comte de Perochelles, chevalier, Sgr de Saint-Aubin, Moitron, etc.,

— Louise du Hardas, veuve de Louis-Charles de Perochelles de Grand-Champ, dame du Tronchet,

— Adélaïde-Monique-Henriette de la Goupillère de Dollon, demoiselle, épouse séparée de biens de Pierre-Charles-François de Bouvet de Louvigny, Sgr de Louvigny, et dame de Saint-Aubin-des-Coudrais.

Marc-Prosper de Girard de Charnacé, chevalier, Sgr du Plessis-d'Anvers,

— Marguerite de Paralery, veuve de Gaston des Hayes, dame de Ballée et de la baronie de Sainte-Suzanne,

— Alain-Louis, comte d'Auvet, chevalier,

— Marie-Marguerite des Hayes, son épouse, Sgr de Haute-Meslé.

Pierre-Jean d'Alba, Sgr de Landivy,

— Anne-Andrée-Thérèse de Chapdelaine-Daumas, demoiselle, dame du fief de la Mordanterie.

Louis-Claude Gauvain, Sgr du Ranché,

— Marie-Renée-Louise Maneau du Ronceray, veuve de Jean-Michel Gauvain, dame du fief du Ranché.

Gilbert-Gabriel-Jean-Baptiste du Bois-Béranger, colonel d'infanterie,

— Charles-Louis, comte des Nos ou d'Esnos, maréchal de camp, Sgr de Pannard,

— Renée-Caroline de Froulay, veuve de Louis, marquis de Créquy, comtesse de Monfloure.

Charles-Éléonore, comte de Broc, chevalier, Sgr des Perrayes, lieutenant-colonel de cavalerie,

— Augustin-Joseph, comte de Mailly, maréchal de France,

— Louis-Marie-François de Bois-Jourdan, Sgr des Nuandières.

Charles-Michel, marquis de Broc, chevalier, Sgr de Bresteau, lieutenant-colonel de cavalerie,

— Jacques-René, comte de Croismare, Sgr de Bois Jourdan,

— Louis, marquis de Croismare, Sgr de la baronnie du Coudray,

— Marguerite-Françoise Denvrich le Breton, veuve de Jean-Guillaume Dubouchet (du Bouchet), Sgr de la Forterie, comme garde noble de leurs enfants mineurs.

Jean-Louis, marquis de Montesson, procureur syndic de l'assemblée provinciale du Maine, pour l'ordre de la noblesse,

— Louis-Joseph-Charles-Amable d'Albert, duc de Luynes et de Chevreuse, baron de Bonnétable,

— François-Jacques-Tanneguy Le Veneur, comte de Tillière, Sgr châtelain de René, Lignières, et de Saint-Calais du désert.

Balthazar-Michel de Montesson, chevalier, Sgr de Sougé,
— Jean-Alexandre-René Dubois, chevalier, Sgr de la Drouardière, la Bazoge Gondouin,
— Marie-Joseph de Mondagron, demoiselle, dame de Bouloire.

René-Marie de Malfilastre, chevalier, lieutenant d'infanterie,
— Claude-Pierre Le Febvre de la Falluère, chevalier, Sgr de Marigny,
— Jean-Baptiste-René du Bois Béranger, chevalier, Sgr de Beauvais.

Philibert-Charles de Richer, chevalier, Sgr de Montéhard et de Neuville sur Sarthe,
— Magdeleine-Françoise-Antoinette Bouvet de Louvigny, veuve d'Antoine-Paris Pineau, marquis de Viennay, dame de Bourg le Roi, et encore comme garde noble de ses enfants mineurs, Sgr de Thoiré.

Jean de Rancher, chevalier.

Mathurin-Maurice de Valois, chevalier,
— Catherine de Farcy, veuve de François-Camille-Philippe de Farcy, chevalier, conseiller au parlement de Bretagne, dame de la Bufetière,
— Magdeleine-Anne Le Clin de la Galorière, veuve de Daniel-Anne-Victor Gaultier de la Vileaudrais, chevalier, dame de la Bigotière.

Marie-Louis-Charles-Antoine-René de Fodoas (Faudoas), chevalier de Malte,
— Louis-Charles-René, comte de Fodoas, Sgr du comté de Sérillac.

Jean-Jérôme, baron de Clinchamp (Giancolet), Sgr du Tertre,
— Magdeleine-Thérèse Hureaux de Saint-Denis, veuve d'Antoine-Etienne-François, comte de Clinchamp, Sgr de Saint-Marceau, et tutrice garde noble de ses enfants mineurs.

François-Augustin Carré de Bellemare (de Carrey), Sgr de Boisbrault.

André-Joseph de Gruel des Salles, chevalier,
— Jean-René-Henri Delaunay-Bouvery (de Launay-Bouverie), chevalier, Sgr de Boisjean,
— Marie-Claude de la Corbière, Sgr de Poirier.

Jacques-Louis-Marie de Farcy, chevalier, Sgr de Launay-Villiers,
— Charlotte de Farcy, demoiselle, dame de la Chauvinière,
— Marie de Farcy, demoiselle, dame de la Giraudais.

François Dezalay (de Sallet), chevalier,
— Louise-Magdeleine de Boisyon, demoiselle, veuve de Pierre Rigault de Beauvais, dame de la Chamaillardière.

François-Philibert, marquis de Tournay, Sgr de Glaye (Charles-François-Philbert de Turin, marquis de Turin),
— Magdeleine-Marie-Agathe-Renée de la Bigotière, veuve d'Olivier-Joseph de Gonidet, chef de nom et d'armes, Sgr de Tressan, dame des fiefs de la Psalmaudière,
— Catherine-Angélique-Françoise de Guini, veuve de Claude-Jérôme-Vincent de Guerry, Sgr de Bourgon, et dame du fief de la Salle.

BIBLIOTHÈQUE IMPÉRIALE IMPR.

René Durand de Puisieux, Sgr de Vauxtorts,
— Louis-Alexandre de Guibert, Sgr de la Roncerie,
— Jacques, comte de Fanning, Sgr de la Roche Talbot.

Marie-Charles-François-Philibert de Turin, chevalier, vicomte de Turin,
— Claude-Joseph de Guerry, président à mortier au parlement de Bretagne, Sgr de Bourgon,
— François Bichain de Montigny, Sgr de Saint-Hilaire des Landes.

Jean-Baptiste-Henri-Michel Le Prince d'Ardenay et Soulitre,
— Louis-Alexandre-Marie de Musset, chevalier, Sgr de Saint-Pierre de Cognes et de Sainte-Osmane,
— Julie-Catherine Godard d'Assé, veuve de Pierre-François Lefebvre, Sgr de Saint-Pierre des Bois, comme garde noble de leurs enfants mineurs.

Charles du Hardas, marquis d'Hauteville, ou d'Auteville,
— Charles-Claude-Olivier de Montreuil, Sgr de Nuillé le Vendrin.

Jacques-Gabriel-Louis Le Clerc, marquis de Juigné,
— Jean-François de la Croix, comte de Beaurepos, Sgr de Cerisé.

Charles-Philibert-Gabriel Le Clerc, comte de Juigné,
— Bonne-Françoise-Magdeleine de Bricqueville, chanoinesse d'honneur de Poulangy, dame de Courcebeufs,
— Marguerite-Alexandrine de Savary, veuve de François-Philibert, comte de Bricqueville, dame de Chaufoure.

Gabriel Chenon, Sgr de Brulon.

Charles de Vanssay, chevalier, Sgr de Chesne de Cœur,
— Pierre-Louis Davego (d'Avesgo), Sgr et patron de Coulonge, et du fief de Chalopin.

Jean-Michel-Christophe Le Vayer, marquis de Faverolles, grand sénéchal du Maine,
— Philippe-Martin Mangin, baron de Montmirail et de la Bazouge, grand audiencier de France.

Jean-Louis Ogier, Sgr de Sillé le Philippe,
— Anne-Marie-Françoise-Louise Pinot (Pineau) de Lucé, demoiselle, dame du Grand Lucé.

Louis-François de Richer, lieutenant de MM. les maréchaux de France.

Emmanuel de Richer, Sgr de la paroisse de Villaine la Gouais.

Charles-Mathieu-Etienne de Longueval d'Haraucourt,
— Jérôme-Joseph-François Besnard de la Martellière, Sgr de Mansigné.

Joseph-Guy-François de Longueval d'Haraucourt, chevalier.

Armand-Joseph-Louis, baron Dulau, ou du Lau,
— Elisabeth-Olympe-Louise-Armande-Félicité du Vigier, dame d'Anvers, épouse séparée d'Agésilan-Joseph de Grossoles, marquis de Flamarens (maréchal de camp).

Pierre le Comte, chevalier,
— Marguerite Girardin, demoiselle majeure, dame de la Verrerie (Vayrie).

Jean-Baptiste Colbert, marquis de Sablé.

Emmanuel-Marie Achard, chevalier.
Athanase-Paul Desmazis, chevalier.
Michel Desson, chevalier, Sgr de la châtellenie de Saint-Aignan.
Charles de Lambourg (Lamboult), chevalier.
Claude-François Le Normand de Chevrigny, chevalier.
Augustin de Lespinasse, chevalier.
Charles-Jacques-Joseph de Lonlay, chevalier, ancien officier de cavalerie.
François de Nepveu (Neveu), chevalier.
Jacques Nepveu de Bellefille,
— Louis-Jacques Baillard de la Vintrie (Bayard de la Vingtrie), Sgr du Vigneul.
Jacques Nepveu de Rouillon, chevalier, major du régt de Chartres-dragons, Sgr de la paroisse de Rouillon.
Louis-Stanislas Normand de Champflé, chevalier, Sgr de la paroisse de Corme,
— Mme Morel (de Morelle).
Charles-Toussaint Paillard, chevalier.
Jean-René de Semaslé (Sémallé), chevalier.

BAILLIAGE DU PERCHE.

Procès-verbal de l'Assemblée particulière de l'ordre de la noblesse du bailliage du Perche, tenue à Belesme.

2 avril 1789.

(*Archiv. imp.*, B. III, 116, p. 208-255.)

Antoine-Charles-André-René de Puisaie (Puisaye), chevalier, vicomte de Puisaye, capitaine de dragons, Sgr des Joncherets, la Gobenière, la Royauté, Mondion, etc., conseiller du Roi et de Monsieur, grand bailli d'épée de la province de Perche.
Monsieur, frère du Roi, Sgr apanagiste du comté de Perche, représenté par le chevalier de Fontenay, chevalier de Saint-Louis.
Jean-Baptiste Poulain de Brustelle (Brustel), Sgr de Brustel, et pour
— Demoiselle Marie-Charlotte-Thérèse Perochelles de Grandchamp, dame de Biée et de la Ramée,
— Dame Marie-Marguerite de Barville, veuve de Louis de Mézange, Sgresse par indivis avec ses enfants des fiefs de Courgeoust appelés les justices de la Grosinierre.

Jean-Charles de Savary, Sgr des hautes justices et Sgries de Chenelière, la Bouchère, Thenay, Laforêt, Fretigny, Saint-Denis-Dauton, etc.,
— Dame Jacqueline-Louise-Catherine Bordel de Viantais, veuve de Louis de Savary, Sgr du Chaume, de la Bretesche, et dame Louise-Catherine-Guilmine de Savary, veuve d'Adrien-Pierre-François de Vasselot, dame de Mozière.

Le chevalier de Lonlay,
— François-Ursin Durand de Puisieux, Sgr de Courcelle,

De Vasconcelle,
— Henri Thibault de la Carte, chevalier, comte de la Ferté-Senectère.

De Carpentin,
— Henri de Fontenay, chevalier, Sgr de Blainville.

De Coulange,
— Pierre-Charles-Philippe de Rosnyvinen, Sgr de Loisellière.

Fontaine de Méré,
— Nicolas-François de Saint-Pol, Sgr de la chatellenie de la Soublière, la Gaudaine Trisay, Tercé, Masle, la Porte, Mors, etc.

Abot de Lignerolles,
— Charles-Michel de Gontaut, marquis de Saint-Blancard, Sgr de Monthoudon, etc.

De Magny,
— Charles-François, comte de l'Aubépine.

Le comte de la Porte de Riantz,
— Dame Marie-Charlotte Le Pelletier de Saint-Fargeau, princesse de Chimay, dame de Monsireau.

Louis-François, chevalier de Savary, Sgr de Prainville,
— Denis-Jean-Baptiste de Bastard, chevalier, comte de Fontenay, Sgr de Montreuil-sur-Sarthe, le Bourgnay, Beaufresne, etc.,
— François de Nogué, écuyer, Sgr du comté de Clinchamp.

De Magny,
— Gabriel Darsac (d'Arsac), chevalier, marquis de Ternay.

Nicolas-Charles du Buisson de Blainville, chevalier, Sgr de Blainville, Saint-Hilaire-des-Noyers, etc.,
— René-Ursin-Antoine-Louis Durand de Puisieux, Sgr de la Mauvrière.

Louis-Auguste de Barville, chevalier, Sgr de Nocé, etc.,
— Julienne-Marie-Renée de Chateaugiron, veuve de messire de la Briffe.

Jean-François du Mouchet, Sgr de la Grande Morinière, etc.,
— Jacques du Mouchet, Sgr de Mortimert.

Charles-Pierre-Marie du Mouchet, Sgr de Breviard et de la Ferrière.

Jean-Philippe de la Garrigue, Sieur du Grandmont.

De Nocé,
— Dame Anne-Marguerite-Charlotte, née comtesse de Ligniville et du Saint-Empire, dame de Launay, Igé, Marcilly, etc.

Guy-François de la Porte de Riantz, Sgr de Villeray, Tourouvre, etc.

Charles-François de Tascher, Sgr de Rossay,
— Louis-François-Philibert de Tascher, chevalier, Sgr du fief de la Tiounière,
— Pierre-Jean-Alexandre de Tascher, Sgr de Pouvray.

Louis-François-Joseph Bonnet, chevalier, Sgr de Belon,
— Louis-François-Marie Léger, chevalier, Sgr de Hauthierry,
— Pierre-Marie Le Hayer, chevalier du Perron, Sgr de Buré,
— De Blainville,
— Philibert-Louis-Alexandre de Tascher, chevalier, Sgr de la Laurendière et le Moix.

Henri-Antoine, comte d'Andelaw (Andlau), Sgr de Remallard, etc., maréchal de camp,
— Claude-Henri-Gabriel, marquis de Mornay, maréchal de camp,
— Armand-Louis, marquis de Sérent, Sgr de la Frette.

Victor-Marc-Noël-René-Émery, comte des Feugerets, Sgr de la Chapelle-Souef,
— Joseph-Louis de Frebourg, Sgr de Frebourg,
— Louis-Jacques-François de Mézange, Sgr de Boissy et Courtoinon.

Louis-René Poulain de Brustel, Sgr des Cailleaux,
— Germain-Nicolas du Mousset, Sgr de Saint-Denis de Ceton.

Pierre-Nicolas Bouyer, Sgr de la Cornillière, Saint-Gervais et le Chenay,
— Dame Marie-Françoise de Catinat, veuve de Jean-François Le Vayer, dame de Saint-Aubin de Courtraye, etc.

René-Alexandre Lécuyer, chevalier de Saint-Louis,
— Denis-Noël l'Écuyer (Lécuyer), Sgr de la Papotière,
— Dame Louise-Cécile de Franchais, veuve de Louis-François de Saint-Pol de Grandfay.

Jacques-René de Vasconcelle, écuyer,
— Jacques-Philippe-Esaü Guéau de Gravelles de Réverseaux, Sgr d'Argenvilliers.

Claude-François des Corches de Loisey, écuyer,
— Charles-Guillaume de Gouhier, Sgr de Champeaux,
— François des Corches de Loisey, Sgr de la Tremblaie.

Charles-François Fontaine de Merré, chevalier, garde du corps du Roi,
— Jacques-Christophe de Chabot, Sgr de la Houdrière.

Louis-François Avesgo de Coulonge,
— Pierre-Louis Avesgo, Sgr de la Viandrie.

Antoine-Louis du Pré de Saint-Maur, Sgr par indivis des Sgries de Saint-Jean-de-la-Forêt et de Vauxhamet,
— Joseph-Albert de Gaston, comte de Vauvineux,
— Antoine-Simon Bourlet, écuyer, Sgr de la Ravallière.

Jean de Carpentin, écuyer, Sgr de Laurière.

Alexandre-Louis-Ambroise de Phillemain (de Fillemain), écuyer,
— Dame Anne-Françoise-Adélaïde Picot de Combreux, épouse séparée de messire Auguste-Marie-Henri Picot, comte de Dampierre, dame par indivis de Saint-Jean de la Forêt et du Vauxhamet.

Jean-Claude de Mallard, Sgr de Lionger.

François-Nicolas-Charles de Mauduisson-Doursière.
Jean-Louis Échallard, écuyer, Sgr de la Bourgimière,
— Charles-François de Robethon de Bethonvilliers, Sgr dudit lieu.
Pierre-Louis de Fontenay,
— Jacqueline-Françoise Billard, veuve de Pierre-Jean de Fontenay, chevalier, Sgr de la Ravalière, dame de la Hayère,
— Pierre-Michel-François de Mézange, écuyer, co-Sgr de Courgeoust, etc.
Ursin de Saint-Pol, châtelain des Éteilleuls,
— Marie-Louise Bordel de Viantais, veuve de messire de la Goupilière, dame de Viantais.
Jean-François de Lonlay, écuyer,
— Jacques-Louis-Robert Dubreuil (du Breuil), Sgr de Saint-Ouen,
— René-Louis Abot, Sgr de Champ.
Louis-Charles Avesgo de Montchevreuil, écuyer,
— Antoine-Léon de Saint-Simon, Sgr haut justicier de Montgoubert,
— Dame Marie-Françoise-Catherine de Tiercelin, veuve de Charles Daureville (d'Aureville), dame du fief de Mesnil.
Marie-René de Cissay, Sgr de la Germannerie.
— Dame Marie-Renée-Angélique de Cissay, veuve du comte de Gersant, tutrice de sa fille,
— Jacques-Charles de L'Hermitte, Sgr de Saint-Denis.
Jacques-François de Villereau, Sgr de la Vallée,
— Pierre de Villereau, Sgr de Boullaye.
Guy-François-Marc de la Boussardière de Beaurepos,
— Jacques-Louis de la Boussardière, Sgr de la Hugottière.
Louis-René Le Frère du Frettey, écuyer, Sgr du Marais,
— Charles-René Le Frère du Frettey, Sgr de Bellavilliers.
Mollard aîné,
— Éléonore-Thérèse-Élisabeth-Julienne, veuve de François-Emmanuel de Thiercelin, dame de Saint-Cyr.
Louis-Claude Le Couturier de Sainte-James, Sgr de la Chevronnière,
— Pierre Louis de Beaumaitre, Sgr par indivis de Sérigny.
Louis-François-Charles du Portail, Sgr de la Binardière.
Marie-Jacques-Jean-Hilarion de Fontenay, écuyer, Sgr de la Perronnerie.
Jean-Jacques de Guéroult de la Fontenelle, Sgr du fief de la Gloriette et Chiray.
Claude-André de Chandebois, Sgr de la Rosaie.
Philippe-Louis de la Martellière, Sgr haut justicier de Lhermitière,
— Dame Emilie-Félicité de la Martellière, veuve de M. de Saint-Jouin, Sgr du fief du Boullaie en Blondé.
Jean-Christophe de Malaize,
— Dame Marie-Françoise Le Breton, veuve de M. de Hanoy, dame de la Guérichère,
— Demoiselle Françoise-Elisabeth Perrier, dame du fief du Hanoy.
Laure-Joachim de Chevesailles (Chefsailles) Sgr des Périnnes.

Louis Collet de la Davillière, écuyer.
Jean-Antoine Collet de la Davillière, écuyer.
Pierre Collet de la Davillière, écuyer.
Pierre-Robert-Jacques de Malestable, écuyer.
Jean-Charles-François de Suhard, écuyer,
— Dame Michelle-Jeanne de Suhard, veuve de M. de Fontenay, dame des Sgries de la Bremancière,
— Jean de l'Etang, Sgr de la Houssaye.
Jacques-François Crestien (ou Chrestien), écuyer.
Gilles-François Chrestien, écuyer.
De Fontenay, Sgr de Théval.
Jean-Jacques Cottin de la Thuillerie, Sgr de Mauregard, Saint-Hilaire, etc.,
— Joseph-Geneviève de Puisaye, comte de Puisaye, Sgr de Courtoulin,
— Dame Marthe-Françoise Biberon de Cormery, marquise de la Coudrelle, en qualité de curatrice de André-Jacques-François, marquis de Puisaye.
Pierre-Félix de la Vallée, Sgr du Bosc,
— Mlle Louise-Thérèse de Fois de Boisgiron, dame de la Bretonnière.
Jean-François de Guéroult, chevalier de la Gohière,
— Jacques-Louis-Antoine Le Hayer du Perron, Sgr de la Viollière,
— Dame Françoise-Agnès du Chenay, veuve de M. de la Gohière, dame de la Motte.
Louis-Joseph Poissonnier,
— Pierre Poissonnier, Sgr de Prulay.
Jacques-Sanson-Alexandre Launay de Cohardon, Sgr de Bazoches.
Jean-Louis de Guéroult,
— François-Barthélemy Perochelles, Sgr de Maison-Mongis,
— Gabriel-Philippe-Charles-Alexandre Labbé, sieur de Bazoches.
Charles-René Guéroult de Saint-Mars, Sgr des Epinais,
— Dame Magdeleine du Buat, veuve de M. Labbey (Labbé), dame de Bazoches.
François de Guilbert, écuyer,
— Dame Marthe de Lochard, veuve de M. du Breuil, dame de Saint-Hilaire-Pigeon,
— Noël-Marie-Henri Désiré, Sgr de Villiers.
Thomas-Abraham-Thomas de Glapion,
— Dame Marie-Claude Astier, veuve de M. de Glapion, dame de Courgeon,
— Philippe-Denis de Glapion, sieur de la Vove.
Jean-François de Guéroult, sieur du fief de la Haye,
— Jean-Louis Tredern de Lezerexen, en sa qualité de curateur de M. le baron de Meslay, sieur de la Pelletrie,
— Pierre-Gilles Abot, Sgr des Groix.
Jean-Auguste de Vanssai (de Vanssay), sieur de Blavon.
Anne-Prosper de Brulé de Blaru, sieur de la Beaudronnière.

Marie-Pierre-Louis de Guéroult de Frenville,
— Jacques-François-Pierre de la Haye, Sgr du Val,
— René-Charles-François Baril, sieur de Mouthard.
Gilles-Louis-René de Guéroult, écuyer,
— François-Simon Descorches, sieur de Loisail,
— Thomas-Jean-Baptiste-Robert du Moulinet, sieur de Pontchartrie et Champeaux.
Louis-Charles de Moucheron, Sgr de Freulemont (ancien chevau-léger de la garde du Roi).
Louis de Vanssai (de Vanssay), écuyer,
— Dame Louise de Vanssay, comme curatrice de M. Baril, son mari, Sgr de Fleings,
— René-Louis-Gaspard de Thiboust, sieur du Moulin.
René-Antoine de Chasot, écuyer,
— Dame Marie-Françoise du Merlé (du Merlet), veuve de M. du Moulin, dame haut justicière du Bois-Guillaume.
Pierre-Nicolas Abot, Sgr de Lignerolles.
André-Claude-Charles-René de Chandebois, sieur de Bellegarde,
— Dame Marie de Chandebois, veuve de M. de Saint-Agnan de Vieux-Pont, dame de la Rozière.
De Phillemain (Fillemain),
— Les demoiselles de Mézange, dames par indivis des fiefs de Courgeoust et de la Grossinière.
Marie-Louis de Guéroult, chevalier de Saint-Mars, écuyer.
Louis-François de Tirmois, écuyer.
Paul Thiboust Danisy de la Roque,
— Jacques-François-Claude de Courcy, Sgr du Plessis,
— Jean-François des Perrais (Perroys), Sgr de Neuilly.
Le comte de la Porte,
— Louis-Auguste de Mézange, Sgr de Courgeoust.
Jean-Pierre Magny.
Gabriel-André-Alexandre-Nicolas-Honorat de Tarefumier, chevalier, Sgr de Saint-Mexent.
Jean-Baptiste-Louis-Edouard de Lonlay, chevalier.
Marie-Anne-Baptiste Martin, chevalier de l'Hermitte.
Charles de Bonvoust.
Gilbert de Berché (Bercher), ancien brigadier des gardes du corps.
Louis-Jean de Lépinay, Sgr du fief de Lormarin.
Louis-Nicolas Dividis, écuyer.
Louis-Charles Le Couturier de Sainte-James.
Claude-Noël de Vilquoi (Villequoy) de Thiouville, écuyer.
Chrestien l'aîné, écuyer.
Louis-François Avesgo de Coulonge, secrétaire.

Commissaires élus pour la rédaction du cahier des doléances :

De Nocé.
Le chevalier de la Gohière,
De Blainville.
Le comte de la Porte.
Guéroult de Saint-Mars l'aîné.
De la Martellière.

BAILLIAGE DE CHATEAUNEUF EN THIMERAIS.

Procès-verbal de l'Assemblée de la Noblesse (1).

10 mars 1789.

(*Archiv. imp.*, B. III. 45 p. 115-149)

Le prince de Montmorency, grand bailli d'épée et gouverneur de la province de Châteauneuf en Thimerais.
Louis-Jean Le Pelletier de la Bedoudrie, conseiller du Roi et de Monsieur, frère du Roi, était lieutenant général civil - criminel et de police, vicomte, commissaire enquêteur et examinateur du bailliage et siége royal, baronnie et province de Châteauneuf en Thimerais.
Le comte de Castellane, président, et pour
— Monsieur, frère du Roi.
Le comte du Dognon, et pour
— de la Roque (Paul Thiboust-Danisy),
— de Launay (Pourreau).
De Garault.
Le chevalier de Plantade.
Le marquis de Menou.
Le marquis de Guenet-Neuilly.
De Moucheron.
Le chevalier de Freslemont ou Freulemont.
De Glapion,
— Le chevalier de Glapion.
Medes de Leongs ou Loango.
De Baussancourt père.
Le comte de la Rivière.
De la Briffe-Pousan.
Fayet de la Peruche,
— Le chevalier Duhamel.
Le marquis de Courcy.
Sigogné de la Mancellière,
— Le comte de Beaussier de Civray ou de Cursay.
De Gastel.
Le chevalier de Carvoisin.
Le chevalier de Marscueil ou Marseuil.

(1) Les noms de MM. les gentilshommes du bailliage de Châteauneuf en Thimerais ne figurent pas sur le procès-verbal de l'assemblée générale des trois ordres; ceux que nous publions ici ont été relevés sur les procès-verbaux de l'assemblée particulière de la noblesse et parmi les signatures des membres présents ou chargés de procuration.

Carvoisin de Durbois.
Poultier Descorpain (de Corpain).
De Mallenon de Saint-Vincent.
De Tirancourt de la Mairie.
Glapion de Veranvilliers.
Hébert Deschastelets (des Chatelets).
Le baron de Mellevillle.
Desguez de la Pommeraye.
Le chevalier Coquerel.
Le vicomte de Courcy d'Herville.
— de la Boulaye,
— d'Epinay Saint-Luc,
— de Gastel de Sagnène, *aliàs* Coquanne.
Le marquis de Maleissye.
Le comte de Castellane,
— Le marquis de Sailly,
— Deschampeaux.
Le comte de Guéroult.
Huguet de Sémonville, Secrétaire.

Extrait du procès-verbal de la délibération prise dans la ville de Châteauneuf en Thimerais par les gens des trois états de la province, pour obtenir une députation directe aux Etats généraux.

13 février 1789.

(*Bibl. imp.* Lb, 39, 1205, p. 22-29.)

NOBLESSE.

Mme la comtesse d'Anfreville, dame d'Alainville.
Le marquis de Guénet.
De Neuilly, écuyer.
Gentil du Mesnil, gentilhomme de Monsieur.
De Thieulin.
Douay, Sgr de Bauche.
De Baussancourt, chevalier, lieutenant des chasses de Monsieur.
De la Pepignaire, chevalier, lieutenant des grenadiers royaux et des chasses de Monsieur.
La comtesse de Guitaud, dame de Tresneau, etc.
Degastel (de Gastel), écuyer.
Segogne, écuyer, Sgr de la paroisse de la Mancellière.
Glapion de Véranvilliers, chevalier.

Mme de Glapion de Véranvilliers.
Pourrot de Launay, chevalier.
Le Char Duhamel, chevalier de Saint-Louis, capitaine de cavalerie, pensionnaire du Roi.
De Baussancourt, lieutenant au régt de Rouergue.
De Sailly, Sgr d'Achères et Theuvy.
Paul Thiboust d'Anisy de la Roque, écuyer.
De Gastel, chevalier, Sgr du Traces, Meliour, etc., ancien capitaine d'infanterie.
Meddes, chevalier, Sgr de Laougo.
Loiseau de la Grange.
Charles Duhamel, écuyer.
Carvoisin du Durbois, chevalier, Sgr de Billancelle.
Dame de Gravelle du Mouchet.
De Laamérie (de la Mairie), écuyer.
De Melly, maire de Chateament (Chateauneuf).
Le comte de Baussier.
Le comte de Castellane.
Huguet de Sémonville.
Le Pelletier de la Bedouderie, lieutenant général du bailliage, conseiller du Roi et de Monsieur, fils de France, frère du Roi.

Députés envoyés à la cour.

Boniface-Louis-André, comte de Castellane, colonel attaché au régt des chasseurs de Hainault, fondé de procuration de
M. le comte de Surgère, maréchal de camp, Sgr de Vigny, Lauray, etc.
Charles-Louis Huguet de Sémonville, chevalier, conseiller au parlement de Paris, propriétaire du Boullay-Sauveloup, fondé de procuration de
M. le marquis de Sailly, Sgr de Theuvy et Achères.

LISTE DES DÉPUTÉS DES TROIS ORDRES

AUX ÉTATS GÉNÉRAUX DE 1789.

CHATEAUNEUF EN THIMERAIS.

Nicolas-Jean-René Tessier, prêtre, chanoine de Chartres.

Boniface-Louis-André comte de Castellane, colonel au régt des chasseurs de Hainault.

Marie-Gabriel-Louis-François Périer, notaire au Chatelet de Paris.
Remy Claye, laboureur au Boulay-Thierry.

Suppléants :

Jean-Baptiste-Prosper Roberge, prêtre.

Antoine-Charles Tardieu, marquis de Maleissye, maréchal de camp, Sgr de Fontaine des Ribouts.

Thomas-François Thilloubois de Valleuil, avocat au parlement.
Nicolas-Michel Cannuel, maître de forges.

SÉNÉCHAUSSÉE DU MAINE.

Bourdet, curé de Bouère près Sablé.
Bertereau, curé de Teillé.
Grandin, curé d'Ernée.
De Peletier de Feumusson, chanoine régulier, prieur curé de Domfront.
L'Évêque du Mans (François-Gaspard de Jouffroy de Gonssans .

Le chevalier de Hercé (Jean-François).
Le vidame de Vassé (Alexis).
Le comte de Tessé (René-Mans de Froullay).
De Bailly, marquis de Fresnay (Pierre-Charles-François).
Le comte de Praslin, colonel du régt de Lorraine infanterie.

Enjubault de la Roche, juge du comté-pairie de Laval.
Jouye des Roches, lieutenant général au présidial du Mans.
Lasnier de Vaussenay, négociant à Laval.
Maupetit, procureur du Roi de l'hôtel de ville de Mayenne.
Guérin, maître de forges à Songé.
Ménard de la Groye, conseiller au présidial du Mans.
De la Lande, lieutenant de maire d'Ernée.
Gournay, avocat à Mayenne.
Chenon de Beaumont, conseiller en l'élection du Mans.
Livré, échevin au Mans (admis pour remplacer M. Héliand, mort à Versailles le 7 mai 1789).

Suppléants.

Dumans, de Bourg-l'Évêque.

Le comte de Murat père, chevalier de Saint-Louis.
Le comte de Brocq, chevalier de Saint-Louis.
Le marquis de Vennevelle, chevalier de Saint-Louis.

Pelisson de Gesne, bailli et lieutenant général de police à Mamers
Cornilleau, notaire à Surfaud.

BAILLIAGE DU PERCHE.

Le François, curé du Mage.

Le comte de Puisaye.

Bailleul, président à l'élection du Perche.
Margonne, négociant à Nogent-le-Rotrou.

Suppléants.

Marie, curé de Saint-Marc de Réno.

Le comte de Blainville.

Bourdeaux, négociant.
Toumain, avocat à Bellesme.

GOUVERNEMENT MILITAIRE

MAINE ET PERCHE.

Le marquis de la Vaupallière, gouverneur général.
Le comte de Tessé, lieutenant général.

Lieutenants de Roi :

Le comte de Vauvineux.
Le comte de Créqui.
Le marquis de Champcenets.

Lieutenants des maréchaux de France :

De Grandpré, chevalier de Saint-Louis, au Mans.
Le comte de Saint-Aignan, au Mans.
Abel (Abot) de Lignerolles, à Mortagne.
Du Mans de Chalais, à Laval.
Le chevalier de Hercé, à Mayenne.
Le chevalier Richer de Montéhard, au Mans.

PRÉSIDIAL DU MANS.

Le Vayer de Vendeuvre et de Faverolles, grand sénéchal du Maine.
Jouye des Roches, lieutenant général et de police.
Rottier de Belin, lieutenant criminel.
Thebaudin de la Rozelle, lieutenant particulier civil.
De la Porte de la Houssaye, lieutenant particulier assesseur criminel.

Maulny, doyen.
De Foisy, sous-doyen.
Chesneau.
Ménard de la Groye.
Hérisson de Villiers.
Poisson du Breil.
Belin Desroches.
Négrier de la Crochardière.
Duchemin de Boisjousse.
Négrier de Ferrière.

Gens du Roi.

De Lestang, avocat du Roi.
Belin de Beru, procureur du Roi.
Le Clerc, procureur du Roi honoraire.
Léon, avocat du Roi.
Brouard de la Roche, greffier civil, commissaire.

LISTE DES SÉNÉCHAUX

de l'Anjou, du Maine et de la Touraine, publiée par le présidial du Mans, par Bodin, Chalmel et Cauvin.

(*Bibl. imp.*, L. k. 14, 135, p. 104.)

1016. Lisois de Basougers, fils de Hugues de Lavardin.
1043. Auger (*Algerius*) frère de Lisois.
1058. Girard.
1060. Auger.
1080. Pierre, fils de Girard.
1085. Giroye ou Girard.
1099. Payen de Maugé.
1100. Geoffroy Foulon, *alias* Foulères.
Durand Broquet (par Chalmel).
1122. Etienne Bautan (par Chalmel).
1125. Arquilasius, ou Arquilose.
1140. Etienne de Matzay ou Marsay, *aliàs* de Missay.
Geoffroy (par Chalmel); Geoffroy Mauchien.
Blo ou Blé (par Chalmel).

1160. Joulain de Tours ou Jean Jousláin de Tours.
Isembard.
1164. Gui des Moulins.
1170. Guillaume Amon, Hamon ou Hémon.
1171. Payen Malchen ou Mauchien.
1180. Etienne Mathas, Marsay ou de Marchay.
Raoul de la Forest.
1181. Etienne de Tours, *aliàs* de Tournon ou Tournehan.
1184. Geoffroy Mauchien, sénéchal du Maine.
1188. Guillaume de Tournehan.
1189. Pagès ou Payen de Rochefort.
1191. Geoffroy de l'Ostoire, sénéchal du Maine.
1192. Jelain (*Jelanus*), sénéchal du Maine.
1196. Robert de Tournehan ou Tournesane.
1199. Amaury, vicomte de Thouars.
1200. Roger de Lasci.
1202. Jean Sarpedon ou Herpedane.
1204. Olivier, sénéchal du Maine.
1207. Guillaume des Roches (1), Sgr de Sablé.
1214. Herbert de Tussé, sénéchal du Maine.
1222. Amaury de Craon.
1224. Maurice de Craon.
1230. Jeanne de Craon (fit exercer la charge par Richard Leclerc et Guillaume de Fougères, ses baillis).
1232. Amaury de Craon, Sgr de Sablé et de Briolé.
1247. Maurice de Craon.
1259. Isabelle de Craon.
1268. Maurice de Craon.
1282. Maurice de Craon.
1292. Amauri de Craon (2).
1298. Guillaume de Coesme, ou Coïsmes.
1304. Philippe de Beaume ou de Baume.
1310. Pierre de Béthune.
1332. Jean Bigot.
1342. Ithier de Maugat.
1349. Robert Mulet.
1356. Jean de Montjean ou Montjan.
1360. Jean de Saintré (le petit Jehan de Saintré, chambellan du Roi.)
1378. Pierre d'Avoir.
Amaury de Craon.
1385. Amaury de Clisson.
1398. Macé de Beauvau.
1400. Jean de Beauvau.
1410. Guillaume de Beauvau.

(1) L'office de sénéchal fut déclaré héréditaire dans sa famille, et passa à sa mort dans celle d'Amaury de Craon, son gendre.

(2) A la mort d'Amaury de Craon, le gouvernement de Touraine fut confié aux Grands baillis gouverneurs, dont les fonctions étaient subordonnées à celles du sénéchal du Maine et d'Anjou.

1416. Renaut de Montejean ou Montjan.
1420. Pierre de Beauvau.
1437. Pierre de Brézé de la Varenne, Sgr de Brissac, comte de Maulévrier.
1444. Dominique de Chatillon.
1454. Louis de Beauvau.
1461. Jean de Beauvau.
1466. Louis d'Anjou, bâtard du Maine, baron de Mezières.
Bertrand de Beauvau.
1470. Jean de Lorraine.
1472. Louis, bâtard du Maine.
1476. Jean, bâtard d'Harcourt.
1482. Gui de Laval-Loué, chambellan du Roi René.

SÉNÉCHAUX PARTICULIERS DU MAINE.

1486. Hervé de Chahannay (1).
1492. Jean de la Grathuse.
1499. Louis de la Grathuse.
1500. Brandelis de Champagne.
1510. René d'Anjou, fils de Louis.
1518. Christophe Perot, Sgr de Vernie et de Pescoux.
1572. Nicolas d'Angennes, marquis de Rambouillet, vidame du Mans.
1598. Charles *aliàs* Claude d'Angennes.
1618. Claude de Beaumanoir, baron de Launay.
1624. Charles de Chahannay, Sgr de Cheronnes en Tuffé.
1628. Jean-Baptiste-Louis de Beaumanoir, chevalier de l'ordre du Roi, baron de Lavardin.
1638. Tanneguy de Lombelon, baron des Essarts.
1674. Pierre-François de Lombelon, son fils.
1683. Charles de Liscouet.
1715. Louis-Charles de Maridort, baron de Saint-Ouen.
1736-1759. Vacance.
1759. Anne-Louis, marquis de Beauvau.
1780. Jean-Michel-Christophe Le Vayer de Faverolles.

SÉNÉCHAUX PARTICULIERS D'ANJOU.

1492. Jean de la Gráthuse.
1499. Louis de la Grathuse.
1500. Brandelis de Champagne (2).
1510. Jacques de Daillon, baron du Lude.
1522. Jacques de Daillon, son frère.

(1) Le Maine et l'Anjou cessent d'être soumis au même sénéchal, chacune de ces provinces en aura désormais un particulier.

(2) Ces trois premiers furent également sénéchaux du Maine, comme on l'a vu dans la liste qui précède.

1555. René de la Jaille.
1584. Jean de Daillon.
1595. François de Daillon.
1597. Pierre de Donadieu de Puicharic.
1604. Louis de Rohan.
1613. Pierre de Rohan.
1628. Louis de Rohan.
1654. Abel Servien (Louis-François Servien, marquis de Sablé, fils d'Abel Servien, d'après le Paige, II. 477.)
1708. Amable Robin.
1741. Leclerc de Brion.
1788. Barrin de la Galissonnière.

LISTE DES MAIRES D'ANGERS [1]

1474-1791.

Par lettres-patentes d'érection de la mairie d'Angers du mois de février 1474, le roi Louis XI accorda aux maires, échevins, conseillers et officiers de ville la noblesse pour eux et leur postérité.

Les officiers du corps de ville d'Angers ont joui de ce privilége jusqu'en 1667 où il fut révoqué par l'édit du mois de mars.

Dans l'année 1670 il fut rétabli en faveur du maire seul (à condition qu'il servirait pendant quatre années, qu'il serait élu deux fois et ferait la déclaration de vouloir vivre noblement), par arrêt du conseil du 23 septembre 1670; en conséquence, il y eut des lettres-patentes expédiées en conformité au mois de mars 1673, vérifiées au parlement le 3 mars 1674. (*Coutume d'Anjou*; Ed. de 1725, t. II, p. 1179.)

Allard.
Audouin.
D'Avoynes.
Ayrault.
Barbot.
Barrault.
Bault.
Bautru.
Belanger.
Belin.
Benoist.
Bernard.
Binel.
Bitault.
Bodin.
Bonvoisin ou Bauvoisin.
Boucault.
Boulay.
Bouvery.
Boylève.
Breslay.
Bruneau.
Bucher.
Cadu.
Cailleau.
Le Camus.
De Cerisay.
Charlot.
Charpentier.
Le Chat.
Cheminard.
De Chenedé.
Chevalier.
Claveau.
De Cournez.
Crespin.
Cupif.
Davy.
Deschamps.
Duvau.
Ernault.

(1) *Tirée de l'Armorial des maires de la ville d'Angers, publié sous es auspices et la direction de la Société d'agriculture, sciences et arts*, par M. Henri de Lambron de Lignim. — Angers 1845, in-4° (*Bibl. imp.* Li 31, 9.)

Eslys.
Eveillard.
Fallet.
Falloux.
Ferrault.
Le Fèvre.
Fournier.
Frubert.
Gaudicher.
Gaultier.
Gautier.
Gilles.
Gohin.
Gontard des Chevaleries.
Goupilleau.
Gourreau.
Grandet.
Guyet.
De Houllière.
Hunault.
Jallet.
Jouet.
Jourdan.
Des Landes.
Landevy.
Lanier.
De Lespinay.
Lesrat.
Lezineau.
De Lohéac.
Loriot.
Louet.
Le Loup.
Le Masson.
Martineau.
De Meguyon.
Ménage.
Ménard.
Du Mesnil.
Migon.
De Montortier.
Morin.
Nepveu.
Pays-Duvau.
Pilastre.
De Pincé.
Du Pineau.
Poisson de Neuville.
Poulain.
Poyet.
Quetier.
Ragot.
Raymbault.
Renou.
Richard.
Richaudeau.
Richer.
Robert.
Romain.
Rousseau.
Sabart.
Saguyer.
Serezin.
Taupier.
Thevin.
De Vaux.

LA NOBLESSE DU MAINE AUX CROISADES.

PREMIÈRE CROISADE.

1099 - 1140.

Foulques d'Anjou, comte du Maine.

Aubry, Sgr d'Assé.
Guillaume, Sgr d'Assé.
Geoffroy, Sgr d'Assé.
Adrien d'Averton.
Louis d'Averton.
Le sire de Beaufay.
Beaugency, Sgr de la Flèche.
Pierre de Beaumont.
Guillaume de Beaumont.
Guillaume de Bretel.
Renaud de Château-Gontier.
Geoffroy de Chevillé.
Patry de Chources.
Alain de Clinchamp.
Robert de Dreux, Sgr de Château-du-Loir.
Pierre de Dreux, id.
Geoffroy de la Ferrière.
Jean de la Ferrière.
Bernard de la Ferté.
Herbert de la Suze.
Gui de Laval.
Guillaume Le Carbonnel.
Foulques de Maillé.
Gauthier de Mayenne.
Guillaume de Montenay.
Philippe de Montgommery.
Guillaume de Montmirail.
Hugues de Montmirail.
Robert de Sablé.
Guérin de Tennie.
Henri de Vitré.

DEUXIÈME CROISADE.

1145 - 1188.

Geoffroy IV de Mayenne.
Hamon, fils de Geoffroy.
Gautier, frère de Geoffroy.
Guillaume, frère de Geoffroy.
Gui, frère de Geoffroy.
Humphroy de Mayenne.
Henri d'Antenaise.
Raoul d'Antenaise.
Robert Avenel.
Foulques Bazeilles.
Hugues Bazeilles.
N... de Beau Cossé.
Guarin de Beillé.
Simon de Beillé.
Gosselin de Berlay.
Angebauld, son frère.
Juhel de Bdessé.
Henri du Bois-Bérenger.
N... de Boulcher.
Manassès de Bourdre.
Geoffroy de Brécé.
Hubert de Brée.
Foulques Carbonel.
Henri Carbonel.
Rainold Carbonel
Guillaume Ceriis.
Roland Chamaillard.
Robert de Chantrigné.
Geoffroy de Chemiré.
Hamelin de Chemiré.
Hugues de Chemiré.
Payen de Chources.
Angelbade de Coïsmes.
Elzéar de Coïsmes.
Le sire de Craon.
Robert Dorcé.
Josselin d'Entrammes.
Ursin d'Entrammes.
Jordan de Fontenay.
Geoffroy de Fougères.
Jean du Fouilloux.
Guy, son frère.
Gastines.
Aubert Giffard.
Egide Gorranton.
Maurice Gorranton.
Aban de Goué.
Paulin son frère.
Gasselin de Goué.
Philippe de Goué.
Richard, son frère.
Louis de Gréez.
Olivier de Gréez.
Reginald Grenoux.
Manassès Gruet.
Raoul de Hautonnière,
Hasselin des Hayes.
Hubert d'Ivoy.
Payen de la Chapelle.
Gilles de la Garenne.
Jean, son frère.
Henri de la Guierche.
Yves de la Guierche.
Aubert de la Jaille.
Girard des Landes.
Philippe de Landivi.
Guillaume de Landivi.
Richard de Landivi.
Robert de Landivi.
Henri de la Rongère.
Le sire de Loudun.
Raoul le Porc.
Amelin de l'Escluse.
Lambert de l'Escluse.
Le sire de Maillé.
Thibauld de Malicorne.
N... de Malicorne.
Dreux de Malmouche.
Gui de Martigné.
Hugues Loup, dit Mauvoisin.
Roland de Mont Angevin.
Guillaume de Montenay.
Maurice de Montenay.
Richard de Montgilon.
Odon de Mongirault.
Geoffroy de Montgiroult.
Gervais de Montgiroult.
Hugues de Montgiroult.
Roland de Montjean.
Roger de Montmel.

Lancelin de Montmilon.
Guillaume Morin.
Guillaume d'Orange.
Hugues Pence de Saint-Bertevin.
Aubert, son frère.
Guillaume de Pescheul.
Louis Pincerne.
Girard de Raino.
Foulques Ribolé.
Louis Ribolé.
Henri Ribolé.
Payen des Roches.
Gervais de Saint-Hilaire.
Foulques de Sertines.
Auger Tabouet.
Fronto Vado-Melée.
Hugues de Vautorte.
Roland des Vaux.
Henri de Vitré.
Simon, abbé.

TROISIÈME CROISADE.

1188-1195

J. d'Andigné.
Hamelin d'Antenaise.
Geoffroy d'Antenaise.
Geoffroy d'Averton.
Foulques de Beauvau.
André de Brienne.
Raoul de Clermont.
Le sire de Laval.
Juhel de Mayenne.
Guillaume de Quatre Barbes.
Robert de Sablé.
Henri de Vitré.

DERNIÈRES CROISADES.

1195-1270

Guillaume d'Andigné.
Henri d'Avaugour.
Simon de Beaugency.
Geoffroy de Beaumont.
Baudoin de Belin.
Gui de Belin.
Érard de Brienne.
Henri de Brienne.
Gautier de Brienne.
Geoffroy de Chateaudun.
Le sire de Clinchamp.
Roland de Cossé.
Geoffroy de Courtarvel.
Amaury de Craon.
Robert de Dreux.
Raoul de Fougères.
Philippe de Goué.
Raoul de Jupilles.
Jean de Landivi.
Hardouin de Maillé.
Juhel de Mayenne.
Rotrou de Montfort.
Renaud de Montmirail.
Foulques de Quatre Barbes.
Hugues de Quatre Barbes.
Baudoin des Roches.
André de Vitré.

(Le Paige, *Dictionnaire topographique du Maine*, 1777. t. II. 298. Bibl. imp. Lk. 2. 1125; — *Études sur le Maine; noblesse du Maine aux Croisades*, ouvrage attribue a Madame Bidard, par la *Bibliothèque Héraldique* de Guigard; un vol in-8°. Le Mans 1859. Bibl. imp. Lk. 2/1135.)

BIBLIOTHÈQUE IMPÉRIALE

Paris. — Imprimerie de Dubuisson et Cie rue Coq-Héron, 5.

29

www.ingramcontent.com/pod-product-compliance
Ingram Content Group UK Ltd.
Pitfield, Milton Keynes, MK11 3LW, UK
UKHW012119240726
13965UKWH00005B/1852

9 782013 044721